TACOS

TACOS

RECETAS Y FOTOGRAFÍAS DE
SANDRA MAHUT

ILUSTRACIONES DE
VALENTINE FERRANDI

ELFOS

CONTENIDO

18

BUEY PICADO Y FRIJOLES ROJOS

20

CERDO DESMENUZADO

22

POLLO DESMECHADO
Y CREMA *KTIPITI*

24

POLLO ASADO, MAÍZ Y SALSA

26

BUEY, PURÉ DE FRIJOLES NEGROS
Y PIMIENTO PICANTE

28

POLLO *TIKKA*

30

CERDO CON ESPECIAS, PIÑA
Y CREMA DE PIMIENTOS

32

SALCHICHA AHUMADA,
PURÉ DE FRIJOLES NEGROS Y SALSA

36

ATÚN Y CHORIZO

38

CEVICHE DE DORADA Y MANGO

40

ATÚN ROJO MARINADO AL ESTILO
POKÉ BOWL

42

GAMBAS CON TOMATE PICANTE
Y GUACAMOLE

44

BACALAO EMPANADO Y MAYONESA

46

TACOS DE PESCADO
CON CREMA CÍTRICA

48

SALMÓN MARINADO
AL ESTILO NIKKAI

52

PATATAS SALTEADAS
Y CHEDDAR FUNDIDO

54

BONIATO FRITO Y PEPINILLOS

56

CHAMPIÑONES Y CEBOLLA

58

WOK DE VERDURAS Y MAÍZ
CON LECHE DE COCO

60

BONIATO SALTEADO CON ESPECIAS
Y FRIJOLES NEGROS

62

BERENJENAS FRITAS Y TOFU FRITO

LOS INGREDIENTES

Tortilla de maíz

Topping *(pepinillos, salsa picante, crema agria, queso)*

Relleno *(carne, pescado, tofu)*

Base *(guacamole o crema agria)*

CONSERVACIÓN

Las tortillas de maíz se pueden conservar durante una semana en un recipiente hermético en el frigorífico. En México hay recipientes especiales para conservar las tortillas tibias idurante varias horas!

UTENSILIOS BÁSICOS

Sartén antiadherente o de hierro fundido
Cuchillo
Prensa de tortillas (opcional)
Recipiente para conservar alimentos

TUTORIAL DEL TACO

EN 4 PASOS

Prepare el relleno

1

2

Rellene los tacos

Aderece los tacos

3

¡Doble los tacos
y disfrute!

4

DATOS CURIOSOS

<u>Dos hipótesis sobre el origen de los tacos:</u>

1) Los tacos podrían haberse originado en la época de los AZTECAS. Cuenta la leyenda que se crearon para saciar el hambre de un rey maya, y su nombre provendría del azteca *tlahco*, que remite a la forma de doblarlos.

2) Su nombre se habría originado en las MINAS DE PLATA mexicanas del siglo XVIII, donde la pólvora que se utilizaba se empaquetaba de la misma forma. Los tacos adoptaron el nombre de *tacos de minero*.

•

En México, el 31 de marzo es el DÍA DEL TACO.

•

TAQUERÍA es el nombre de los restaurantes especializados en tacos de México.

•

La tortilla se fabrica a base de harina de maíz, y puede VARIAR DE COLOR según la variedad de maíz que se utilice.

LA TORTILLA DE MAÍZ

PARA 4 PERSONAS
PREPARACIÓN 10 MINUTOS
COCCIÓN 10 MINUTOS

150 g de harina de trigo T55
150 g de harina de maíz fina
150 ml de agua tibia
1 chorrito de aceite de girasol

1 PREPARE LA MASA

En una ensaladera, mezcle con la punta de los dedos las dos harinas y el agua tibia, hasta obtener una bola de masa homogénea.
Trabaje un buen rato la masa sobre una superficie enharinada, y luego divídala en diez bolas. Extienda cada bola con un rodillo sobre una superficie enharinada intentando crear una oblea lo más fina posible. Lo mejor es utilizar una prensa para tortillas de aluminio.

2 PREPARE LAS TORTILLAS

Cuando haya extendido todas las tortillas, caliente una sartén, antiadherente o de hierro fundido a ser posible, y cuézalas una por una durante 2 minutos por cada lado con un chorrito de aceite de girasol. Deles la vuelta cuando los bordes se empiecen a hinchar.

Se pueden conservar dentro de un paño o de un film alimentario en el frigorífico, o en un recipiente hermético.

ACOMPAÑAMIENTOS

2 aguacates maduros • 1 tomate pequeño • 1 pizca de pimentón dulce o picante molido • 1 cebolla morada pequeña • 3 ramitas de cilantro • 2 pizcas de flor de sal • Unas gotas de Tabasco (opcional) • El zumo de 1 lima • 2 pizcas de especias mexicanas (pimentón, chile, comino, cilantro molido)

GUACAMOLE

Vacíe y chafe toscamente la carne de los aguacates con un tenedor en un bol. Añada el zumo de lima, la sal y mezcle. Pique finamente el cilantro y la cebolla morada. Pele y despepite el tomate y córtelo en dados. Añada la cebolla, el cilantro, el tomate, el pimentón y las especias a los aguacates triturados y vuelva a mezclar. Rectifique de sal y especias. Sirva el guacamole con hojas de cilantro.

2 chalotes • 1 cebolla tierna • 2 dientes de ajo • ½ manojo de cilantro • ½ manojo de perejil plano • ½ pimiento verde largo • 100 ml de vinagre de sidra o de vino • 200 ml de aceite de oliva o de colza • 1 cucharadita de orégano seco • 1 lima • 1 pizca de flor de sal

SALSA CHIMICHURRI

Retire las pepitas del pimiento y píquelo finamente. Pele el ajo, la cebolla y los chalotes y píquelos muy pequeños. Pique las hierbas en un cuenco, añada el vinagre, el aceite, el pimiento, el ajo, la cebolla, el chalote, el zumo de lima, sale y añada el orégano. Mezcle y conserve la salsa en un cuenco durante una semana en el frigorífico.

200 ml de pulpa de tomate • ½ pimiento verde • ½ pimiento rojo • ½ cebolla morada • 1 pimiento rojo largo • El zumo de 1 lima • 1 diente de ajo • 1 cucharadita de tomate concentrado • 1 cucharadita de azúcar rubio • 1 cucharadita de sal fina • 1 cucharadita de especias Tex Mex (cilantro, comino, pimentón) • 1 cucharada de aceite de oliva • ½ vaso de agua

SALSA CLÁSICA

Quite las semillas de los pimientos y córtelos en dados. Pique finamente la cebolla y el ajo. Corte el pimiento rojo largo en rodajas muy finas. Caliente el aceite de oliva en una sartén y sofría la cebolla, el ajo y el azúcar a fuego medio hasta que estén ligeramente dorados, luego baje el fuego. Agregue los pimientos, la pulpa de tomate y el pimiento. Añada el agua, el tomate concentrado, las especias y la sal. Mezcle suavemente y deje que hierva a fuego muy lento de 20 a 25 minutos. Deje que la salsa se enfríe antes de servirla junto a los tacos con gajos de lima.

BUEY PICADO
Y FRIJOLES ROJOS

PARA 4 PERSONAS

PREPARACIÓN 10 MINUTOS

COCCIÓN 25 MINUTOS

500 g de carne de buey picada

*400 g de frijoles rojos
en conserva*

*200 g de tomate triturado
en conserva*

*100 g de queso cheddar
rallado*

1 cebolla picada

2 dientes de ajo picados

1 pimiento rojo picado

3 cucharaditas de comino

*1 cucharadita de cacao
azucarado*

1 chorrito de aceite de oliva

4 cucharadas de nata espesa

*½ manojo de hojas
de cilantro*

*Salsa chimichurri
(véase página 16) o un tallo
de cebollino picado*

*8 tortillas de maíz de 15 cm
de diámetro*

1 **PREPARE EL RELLENO**

Sofría la cebolla picada durante 2 minutos en una sartén
con un chorrito de aceite de oliva. Añada la carne picada
y cocínela durante 10 minutos sin dejar de remover.
Añada el pimiento, el tomate triturado, el ajo y los
frijoles rojos previamente escurridos.
Sazone con sal y pimienta, añada el comino y finalmente
el cacao. Mezcle bien y deje que hierva a fuego medio
durante 10 minutos.

2 **RELLENE LOS TACOS**

Cuando el relleno esté listo, rellene las tortillas y añada
queso cheddar rallado sobre cada taco. Colóquelos en un
plato y hornéelos durante 5 minutos en función grill en
el horno precalentado.

3 **ADERECE LOS TACOS**

Tras sacarlos del horno, añada una cucharadita de crema
agria sobre cada taco caliente y esparza unas cuantas
hojas de cilantro. Termine con salsa chimichurri o
cebollino picado.

4 **¡DOBLE LOS TACOS Y DISFRUTE!**

CERDO DESMENUZADO

PARA 4 PERSONAS	
PREPARACIÓN 10 MINUTOS	
ADOBO 1 NOCHE	
COCCIÓN 4-5 HORAS	

800 g de aguja de cerdo

2 cucharadas de aceite de oliva

2 aguacates maduros

Cebolla morada encurtida
(véase página 65)

Hojas de cilantro

8 tortillas de maíz de 15 cm de diámetro

Sal, pimienta

1 lima

ADOBO:

4 cucharadas de aceite de colza

1 cebolla amarilla grande picada

2 dientes de ajo picados

200 ml de kétchup

50 ml de vinagre de sidra

200 ml de caldo de gallina

70 g de azúcar moreno

1 cucharadita de mostaza

1 cucharada de salsa Worcestershire

2 cucharadas de pimentón ahumado

1 hoja de laurel

1 PREPARE EL RELLENO

Mezcle en un bol todos los ingredientes del adobo. Corte el cerdo en trozos pequeños de 1 a 2 cm de lado y sumérjalo en el adobo durante una noche dentro del frigorífico.

Precaliente el horno a 140 °C.

Caliente el aceite de oliva en una cazuela y agregue el cerdo escurrido. Dórelo por todos los lados. Añada la cebolla y remueva para que se dore sin quemarse. Sazone con sal y pimienta. Vierta el adobo en la cazuela, mezcle e introduzca la cazuela en el horno. Deje cocer durante 4 o 5 horas. A mitad de la cocción, mezcle y añada un poco de agua si es necesario. Cuando la carne esté cocida, déjela enfriar un poco antes de desmenuzarla con un tenedor.

2 RELLENE LOS TACOS

Cuando el relleno esté listo, unte cada tortilla con un poco de guacamole (*véase* página 16) y rellénelas con cerdo desmenuzado. Ponga los tacos en un plato y caliéntelos en el horno durante 5 minutos en función grill, con el horno precalentado.

3 ADERECE LOS TACOS

Corte los aguacates a rodajas, coloque 2 o 3 rodajas en cada taco y esparza hojas de cilantro por encima. Añada cebolla morada encurtida y un chorrito de zumo de lima.

4 ¡DOBLE LOS TACOS Y DISFRUTE!

Disfrute de los tacos acompañados de salsa chimichurri (*véase* página 16).

POLLO DESMECHADO Y CREMA *KTIPITI*

PARA 4 PERSONAS

PREPARACIÓN 10 MINUTOS

COCCIÓN 20 MINUTOS

500 g de pechuga de pollo

100 g de zanahoria rallada encurtida (véase página 65)

3 cebolletas

8 trozos de pimiento asado

1 tarro de crema ktipiti

1 cucharadita de sal gorda

8 tortillas de maíz de 15 cm de diámetro

1 PREPARE EL RELLENO

Vierta en una sartén medio litro de agua con la sal gorda y llévela a ebullición.
Añada las pechugas de pollo al agua y póchelas durante 10 minutos.
Escurra el pollo y déjelo enfriar un poco antes de desmecharlo con los dedos.

2 RELLENE LOS TACOS

Unte las tortillas con la crema *ktipiti* (crema griega de untar con pimientos asados y queso feta).
Esparza un poco de zanahoria rallada encurtida, tiras de pimiento asado y añada el pollo desmechado.

3 ADERECE LOS TACOS

Añada cebolleta picada y un poco más de crema *ktipiti*.

4 ¡DOBLE LOS TACOS Y DISFRUTE!

Disfrute de los tacos junto a unos chips de tortilla con queso fundido.

POLLO ASADO, MAÍZ Y SALSA

PARA 4 PERSONAS

PREPARACIÓN 10 MINUTOS

COCCIÓN 20 MINUTOS

1 pollo asado

2 mazorcas de maíz fresco

20 g de mantequilla

2 tomates sin semillas

1 aguacate maduro

1 cucharada de aceite vegetal

Hojas de cilantro

Queso cheddar fundido

4 cucharadas de salsa clásica
casera (véase página 16)

8 tortillas de maíz de 15 cm
de diámetro

1 **PREPARE EL RELLENO**

Corte el pollo asado en trozos pequeños (puede servirse
tanto caliente como frío).
Cocine las mazorcas de maíz en una sartén con aceite
vegetal y un vaso de agua durante 15 minutos, tapadas.
Escurra las mazorcas y áselas en una sartén de hierro
fundido, rociándolas con mantequilla derretida, sal
y pimienta al gusto.
Desgrane el maíz.

2 **RELLENE LOS TACOS**

Ponga una cucharada de salsa clásica en cada tortilla y
añada trozos de pollo asado y granos de maíz. Si quiere
servir los tacos calientes, colóquelos bajo el grill del
horno durante 5 minutos.

3 **ADERECE LOS TACOS**

Corte el aguacate y los tomates en dados. Añádalos
a los tacos y cúbralos con cheddar fundido y hojas
de cilantro.

4 **¡DOBLE LOS TACOS Y DISFRUTE!**

BUEY, PURÉ DE FRIJOLES NEGROS Y PIMIENTO PICANTE

PARA 4 PERSONAS

PREPARACIÓN 15 MINUTOS

COCCIÓN 2 HORAS

500 g de paletilla de buey

4 cucharadas de salsa barbacoa

1 cucharadita de aderezo de cinco especias

½ cucharadita de comino molido

2 cucharaditas de sal gorda

8 cucharadas de puré de frijoles negros (véase página 65)

1 pimiento picante rojo largo

4 cucharadas de queso mexicano o feta desmigado

Hojas de cilantro

8 tortillas de maíz de 15 cm de diámetro

1 PREPARE EL RELLENO

Coloque la carne en una cacerola, cúbrala con agua y lleve a ebullición.
Deseche el agua y repita la operación. Agregue la sal y las especias, y continúe cocinando a fuego medio durante 2 horas, con la cacerola tapada.
Cuando la carne esté cocida, escúrrala y déjela enfriar antes de desmenuzarla con un tenedor. Mézclela con la salsa barbacoa.

2 RELLENE LOS TACOS

Caliente el puré de frijoles negros y úntelo en las tortillas. Añada la carne y el queso mexicano desmigado y colóquelos bajo el grill del horno durante 5 minutos.

3 ADERECE LOS TACOS

Al sacarlos del horno, añada el pimiento picado y las hojas de cilantro.

4 ¡DOBLE LOS TACOS Y DISFRUTE!

Disfrute de los tacos acompañados de salsa chimichurri (*véase* página 16).

POLLO *TIKKA*

PARA 4 PERSONAS

PREPARACIÓN 10 MINUTOS

ADOBO 30 MINUTOS

COCCIÓN 20 MINUTOS

500 g de pechuga de pollo

4 cucharadas de yogur batido

El zumo de 2 limas

4 cucharadas de aceite de oliva

2 cucharaditas de especias mexicanas o tikka massala

2 cucharaditas de sal fina

1 puñado de rúcula

Hojas de cilantro

Cebolla morada encurtida (véase página 65)

50 g de col lombarda picada

1 cucharadita de mostaza

1 tarro de yogur griego (125 g)

8 tortillas de maíz de 15 cm de diámetro

① PREPARE EL RELLENO

Coloque las pechugas de pollo en un bol, agregue el yogur batido, las especias, la sal fina, el aceite de oliva y el zumo de lima, mezcle bien, cúbralo con film transparente y déjelo marinar durante 30 minutos en el frigorífico.

En una sartén, cocine las pechugas de pollo hasta que estén doradas y resérvelas.

② RELLENE LOS TACOS

Mezcle en un bol el yogur griego con un poco de sal fina, mostaza y zumo de lima. Unte un poco de yogur con lima en cada tortilla, añada la rúcula y unos cuantos trozos de pollo *tikka* tibios.

③ ADERECE LOS TACOS

Añada la cebolla encurtida, las hojas de cilantro, un chorrito de zumo de lima y un poco de salsa de yogur.

④ ¡DOBLE LOS TACOS Y DISFRUTE!

CERDO CON ESPECIAS, PIÑA Y CREMA DE PIMIENTOS

PARA 4 PERSONAS

PREPARACIÓN 10 MINUTOS

ADOBO 1 NOCHE

COCCIÓN
2 HORAS 30 MINUTOS

*800-900 g de paleta
de cerdo*

1 lata de piña en almíbar

*10 trozos de pimientos
asados en aceite*

*2 cucharaditas de jengibre
molido*

*1 cucharadita de cúrcuma
molida*

1 cucharadita de mostaza

*1 cucharada de pimentón
dulce o picante*

*1 cucharadita de fenogreco
molido*

80 ml de aceite de oliva

*Cebolla morada encurtida
(véase página 65)*

Hojas de cilantro

*8 tortillas de maíz de 15 cm
de diámetro*

Sal, pimienta

① PREPARE EL RELLENO

El día anterior, ponga la paleta de cerdo en un bol y añada todas las especias y el aceite de oliva. Cubra bien la carne con el adobo. También puede agregar un poco del almíbar de la lata de piña.
Ponga el bol en el frigorífico durante toda la noche.
Al día siguiente, precaliente el horno a 210 °C.
Coloque la paleta de cerdo en una bandeja de horno y rocíela con el adobo. Hornee durante 1 hora.
Agregue 200 ml de agua y vuelva a colocar la bandeja en el horno durante 1 hora.
Vuelva a añadir de 100 a 200 ml de agua y mantenga la bandeja en el horno durante 30 minutos bajando la temperatura a 180 °C. Cuando el cerdo esté cocido, sáquelo del horno y desmenúcelo con un tenedor.

② RELLENE LOS TACOS

Triture los pimientos asados previamente escurridos hasta obtener una crema de pimientos.
Unte la crema en las tortillas y rellénelas de cerdo desmechado.
Coloque los tacos en un plato y métalos en el horno durante 5 minutos en función grill.

③ ADERECE LOS TACOS

Corte la piña en almíbar en dados y colóquela sobre los tacos calientes. Añada la cebolla morada encurtida y las hojas de cilantro.

④ ¡DOBLE LOS TACOS Y DISFRUTE!

Disfrute de los tacos acompañados de salsa verde (*véase página 65*).

SALCHICHA AHUMADA, PURÉ DE FRIJOLES NEGROS Y SALSA

PARA 4 PERSONAS

PREPARACIÓN 10 MINUTOS

COCCIÓN 20 MINUTOS

4 salchichas ahumadas

4 cucharadas de salsa
clásica casera
(véase página 16)

8 cucharadas de puré
de frijoles negros
(véase página 65)

4 cucharaditas de nata
espesa

Hojas de cilantro

8 tortillas de maíz de 15 cm
de diámetro

1 PREPARE EL RELLENO

Sumerja las salchichas ahumadas en una cacerola con agua hirviendo durante 5 minutos.
Escúrralas y áselas en una sartén por todos los lados durante 10 minutos.
Una vez cocidas, corte las salchichas en rodajas bastante finas.

2 RELLENE LOS TACOS

Ponga de 1 a 2 cucharadas de puré de frijoles en cada tortilla y añada las rodajas de salchicha ahumada.
Ponga los tacos en un plato y métalos durante 5 minutos en el horno precalentado en función grill.

3 ADERECE LOS TACOS

Tras sacarlos del horno, añada la salsa clásica y la nata espesa y esparza hojas de cilantro.

4 ¡DOBLE LOS TACOS Y DISFRUTE!

TACO

Nombre masculino

El taco es originario de México y está compuesto por una tortilla de maíz y un relleno que suele ser de carne, salsa picante, aguacate, cebolla y cilantro fresco. Se enrolla sobre sí mismo y se disfruta con las manos.

ATÚN Y CHORIZO

PARA 4 PERSONAS

PREPARACIÓN 10 MINUTOS

COCCIÓN 20 MINUTOS

300 g de atún en lata, escurrido

1 cebolla grande picada

1 pimiento verde cortado en dados

½ chorizo dulce o picante

200 g de pulpa de tomate

1 cucharadita de chile en polvo, comino y cilantro molidos

3 cucharadas de aceite de oliva

4 cucharadas de queso cheddar rallado

Hojas de cilantro

Sal y pimienta

8 tortillas de maíz de 15 cm de diámetro

1 PREPARE EL RELLENO

Sofría la cebolla picada en una sartén con un chorrito de aceite de oliva. Cuando se vuelva translúcida, añada el pimiento verde, cueza durante 1 minuto removiendo y agregue el chorizo cortado en trozos pequeños. Deje dorar durante 2 minutos y luego añada el atún escurrido, mezclando con una cuchara de madera. Finalmente, añada la pulpa de tomate, la sal, la pimienta, las especias y mezcle bien.
Detenga la cocción pasados 15 minutos.

2 RELLENE LOS TACOS

Ponga de 1 a 2 cucharadas de relleno en cada tortilla de maíz y esparza cheddar rallado por encima. Ponga los tacos en un plato y hornéelos durante 5 minutos en el horno caliente en función grill.

3 ADERECE LOS TACOS

Tras sacarlos del horno, añada hojas de cilantro y un poco de salsa verde (*véase* página 65).

4 ¡DOBLE LOS TACOS Y DISFRUTE!

CEVICHE DE DORADA Y MANGO

PARA 4 PERSONAS

PREPARACIÓN 5 MINUTOS

ADOBO
DE 30 MINUTOS
A 24 HORAS

500 g de filetes de dorada

El zumo de 3 limas

1 diente de ajo picado

½ pimiento verde picado

½ pimiento rojo o pimiento picante picado

1 mango

Cebolla morada encurtida (véase página 65)

Hojas de cilantro

4 o 5 ramitas de eneldo

1 cucharada de aceite de oliva

8 tortillas de maíz de 15 cm de diámetro

1 PREPARE EL RELLENO

Corte los filetes de dorada en trozos pequeños. Póngalos en un bol, agregue el zumo de lima, el ajo y el pimiento (o el pimiento picante) picado. Sazone ligeramente con sal, añada el eneldo picado y mezcle bien.
Corte el mango en dados muy pequeños y añádalo a la mezcla.
Cubra el bol con film transparente y deje marinar la mezcla durante al menos 30 minutos en el frigorífico (idealmente durante toda la noche).

2 RELLENE LOS TACOS

Ponga una cucharada de ceviche de dorada en cada tortilla de maíz.

3 ADERECE LOS TACOS

Añada la cebolla morada encurtida, las hojas de cilantro, el eneldo picado, un chorrito de aceite de oliva y un chorrito de zumo de lima.

4 ¡DOBLE LOS TACOS Y DISFRUTE!

ATÚN ROJO MARINADO AL ESTILO POKÉ BOWL

PARA 4 PERSONAS

PREPARACIÓN 10 MINUTOS

ADOBO
DE 30 MINUTOS A 24 HORAS

400 g de atún rojo cortado en dados grandes

3 rodajas de piña en almíbar cortadas en dados

El zumo de 1 lima

El zumo o la pulpa de 1 maracuyá

4 cucharadas de mirin o de salsa teriyaki

2 cucharadas de salsa de soja

4 cucharadas de guacamole (véase página 16)

1 pimiento picante rojo

Hojas de cilantro

Semillas de sésamo

Cebolla morada encurtida (véase página 65)

8 tortillas de maíz de 15 cm de diámetro

1 PREPARE EL RELLENO

Mezcle en un bol el zumo de lima, la pulpa de maracuyá, el *mirin* y la salsa de soja.
Añada el atún fresco cortado en dados grandes y los dados pequeños de piña en almíbar.
Deje marinar en el frigorífico durante al menos 30 minutos (idealmente toda la noche).

2 RELLENE LOS TACOS

Coloque de 1 a 2 cucharadas de guacamole en cada tortilla de maíz y luego añada dos cucharadas grandes de atún marinado con piña.

3 ADERECE LOS TACOS

Añada trocitos de cebolla morada encurtida, pimiento picante, semillas de sésamo y hojas de cilantro.

4 ¡DOBLE LOS TACOS Y DISFRUTE!

GAMBAS CON TOMATE PICANTE Y GUACAMOLE

PARA 4 PERSONAS

PREPARACIÓN 5 MINUTOS

COCCIÓN 10 MINUTOS

500 g de gambas crudas peladas

400 g de pulpa de tomate

2 cucharaditas de especias mexicanas (chile, cilantro, comino, pimentón)

4 cucharadas de guacamole (véase página 16)

4 cucharaditas de crema agria

1 cucharada de aceite de oliva

Hojas de cilantro

Sal y pimienta

8 tortillas de maíz de 15 cm de diámetro

1 PREPARE EL RELLENO

Saltee las gambas peladas en una sartén con un chorrito de aceite y sazónelas con sal y pimienta.
Añada la pulpa de tomate, remueva y añada las especias. Deje cocer a fuego medio entre 5 y 8 minutos.
Cuando estén cocidas, corte las gambas en trozos pequeños.

2 RELLENE LOS TACOS

Ponga un poco de guacamole en cada tortilla de maíz y añada las gambas con tomate.

3 ADERECE LOS TACOS

Añada la crema agria y las hojas de cilantro.

4 ¡DOBLE LOS TACOS Y DISFRUTE!

BACALAO EMPANADO Y MAYONESA

PARA 4 PERSONAS

PREPARACIÓN 10 MINUTOS

COCCIÓN 10 MINUTOS

500 g de lomo de bacalao

1 huevo

50 g de pan rallado

50 g de harina

Pepinillos (véase página 65)

1 zanahoria rallada
encurtida (véase página 65)

1 yogur batido

1 cucharada de mostaza

2 cucharadas de mayonesa

1 tallo de cebolleta picado

1 ensalada iceberg picada

1 cucharada de aceite
de oliva

Sal y pimienta

8 tortillas de maíz de 15 cm
de diámetro

1 PREPARE EL RELLENO

Bata el huevo en un bol. Ponga el pan rallado en un plato hondo. Vierta la harina en otro plato hondo. Sazone los filetes de bacalao con sal y pimienta por ambos lados. Páselos por la harina, por el huevo batido y finalmente por el pan rallado.
En una sartén, dore a fuego lento los filetes de bacalao en aceite de oliva entre 5 y 8 minutos. Cuando estén cocidos, corte los filetes en trozos de 4 cm.

2 RELLENE LOS TACOS

Mezcle en un cuenco el yogur batido con la mostaza y la mayonesa. Añada un poco de sal y la cebolleta picada.
Coloque una cucharada de crema de mayonesa en cada tortilla de maíz. Añada un poco de lechuga iceberg cortada en tiras y termine con los trozos de bacalao empanado.

3 ADERECE LOS TACOS

Añada la zanahoria encurtida y los pepinillos. Esparza cebolleta picada y un poco de crema de mayonesa.

4 ¡DOBLE LOS TACOS Y DISFRUTE!

TACOS DE PESCADO CON CREMA CÍTRICA

PARA 4 PERSONAS

PREPARACIÓN 5 MINUTOS

COCCIÓN 8 MINUTOS

400 g de pescado blanco

2 aguacates maduros

100 g de col lombarda picada

8 rábanos encurtidos (véase página 65)

1 yogur griego

El zumo de 1 lima

1 cucharadita de mostaza

1 cucharadita de ajo en polvo

Cilantro picado

1 cucharada de aceite de oliva

Especias mexicanas

Sal y pimienta

8 tortillas de maíz de 15 cm de diámetro

1 PREPARE EL RELLENO

Vierta el aceite de oliva en una sartén. Cuando esté caliente, coloque el pescado y dórelo a fuego medio entre 5 y 8 minutos sin dejar de remover. El pescado se desmenuzará en la sartén.

Detenga la cocción y reserve el pescado en un plato. Pele y corte los aguacates en rodajas finas y añádales un chorrito de lima.

Mezcle en un cuenco el yogur con el zumo de lima, la mostaza, la sal, la pimienta, el ajo en polvo y el cilantro picado. Reserve en el frigorífico.

2 RELLENE LOS TACOS

Ponga una cucharada de crema cítrica en cada tortilla de maíz y añada las rodajas de aguacate y finalmente los trocitos de pescado.

3 ADERECE LOS TACOS

Añada los rábanos encurtidos y la col lombarda picada. Cubra los tacos con la crema cítrica y termine con una pizca de especias mexicanas.

4 ¡DOBLE LOS TACOS Y DISFRUTE!

SALMÓN MARINADO AL ESTILO NIKKAI

PARA 4 PERSONAS

PREPARACIÓN 10 MINUTOS

ADOBO
DE 30 MINUTOS A 24 HORAS

400 g de salmón fresco

El zumo de 2 limas

1 diente de ajo picado

1 chalote picado

4 cucharadas de mirin o salsa teriyaki

2 cucharadas de salsa de soja

1 cebolleta picada

Hojas de cilantro

Flor de sal

8 tortillas de maíz de 15 cm de diámetro

1 PREPARE EL RELLENO

Mezcle en un bol el zumo de lima,
el *mirin*, el chalote, el diente de ajo
y la salsa de soja.
Añada el salmón fresco cortado
en dados grandes.
Deje marinar la mezcla durante un
mínimo de 30 minutos en el frigorífico
(idealmente durante toda la noche).

2 RELLENE LOS TACOS

Disponga la mezcla de salmón fresco
en cada tortilla de maíz.

3 ADERECE LOS TACOS

Añada la cebolleta picada, las hojas
de cilantro, un chorrito de zumo de
lima y un poco de sal.

4 ¡DOBLE LOS TACOS Y DISFRUTE!

IT'S TACO TIME

ORIGINAL RECIPE

PATATAS SALTEADAS Y CHEDDAR FUNDIDO

PARA 4 PERSONAS

PREPARACIÓN 10 MINUTOS

COCCIÓN 30 MINUTOS

4 patatas medianas

1 diente de ajo picado

100 g de queso cheddar rallado

4 cucharadas de aceite de oliva

Cebolla morada encurtida (véase página 65)

Hojas de cilantro

Chile en polvo

1 lima

Sal y pimienta

8 tortillas de maíz de 15 cm de diámetro

1 **PREPARE EL RELLENO**

Sumerja las patatas en una cazuela llena de agua fría y cuézalas durante unos veinte minutos.
Una vez cocidas, escúrralas y córtelas en rodajas.
Sofríalas en una sartén caliente con aceite de oliva y el ajo picado. Sazone con sal y pimienta.
Voltee las rodajas de vez en cuando para que se doren suavemente por ambos lados.

2 **RELLENE LOS TACOS**

Coloque las patatas en las tortillas de maíz y añada un poco de cheddar. Ponga los tacos en un plato y hornéelos durante 5 minutos en el horno caliente en función grill.

3 **ADERECE LOS TACOS**

Saque los tacos del horno y añada la cebolla morada encurtida, las hojas de cilantro, un chorrito de zumo de lima y una pizca de chile en polvo.

4 **¡DOBLE LOS TACOS Y DISFRUTE!**

BONIATO FRITO
Y PEPINILLOS

PARA 4 PERSONAS

PREPARACIÓN 20 MINUTOS

COCCIÓN 35 MINUTOS

400 g de boniato

4 cucharadas de aceite vegetal

2 cucharaditas de especias mexicanas (cilantro, comino, pimentón, ajo)

50 g de queso mexicano desmigado

200 g de guacamole (véase página 16)

Pepinillos y rábanos encurtidos (véase página 65)

Salsa chimichurri (véase página 16)

8 tortillas de maíz de 15 cm de diámetro

1 **PREPARE EL RELLENO**

Precaliente el horno a 210 °C.
Pele y corte los boniatos en forma de patatas fritas no muy gruesas.
Colóquelos sobre una bandeja de horno cubierta de papel de horno.
Rocíelos con aceite vegetal y sazone con sal, pimienta y especias mexicanas.
Mezcle el conjunto en la bandeja y hornee durante 30 minutos.

2 **RELLENE LOS TACOS**

Unte las tortillas de maíz con guacamole y coloque el boniato y el queso mexicano. Ponga los tacos en un plato y hornéelos durante 5 minutos en el horno caliente en función grill.

3 **ADERECE LOS TACOS**

Tras sacarlos del horno, añada los rábanos encurtidos y los pepinillos. Sírvalos con salsa chimichurri.

4 **¡DOBLE LOS TACOS Y DISFRUTE!**

CHAMPIÑONES Y CEBOLLA

PARA 4 PERSONAS

PREPARACIÓN 15 MINUTOS

COCCIÓN 15 MINUTOS

400 g de champiñones
o setas shiitake

2 cebollas dulces picadas

50 g de queso mexicano
o feta desmigado

1 yogur griego

2 cucharadas de crema
agria

2 cucharadas de mostaza

2 cucharaditas de especias
mexicanas

1 cucharada de aceite de
oliva

Hojas de cilantro

Sal, pimienta

8 tortillas de maíz de 15 cm
de diámetro

1 PREPARE EL RELLENO

Sofría los champiñones y la cebolla en una sartén con aceite de oliva a fuego lento durante 10 minutos. Reserve la preparación en un bol.

2 RELLENE LOS TACOS

Mezcle el yogur griego con la crema agria, añada la mostaza y las especias mexicanas y sazone con sal.
Ponga un poco de crema y unos champiñones en las tortillas, añada el queso mexicano o el queso feta.
Ponga los tacos en un plato y hornéelos durante 5 minutos en el horno caliente en función grill.

3 ADERECE LOS TACOS

Tras sacarlos del horno, añada las hojas de cilantro y un poco de salsa cremosa especiada.

4 ¡DOBLE LOS TACOS Y DISFRUTE!

WOK DE VERDURAS Y MAÍZ CON LECHE DE COCO

PARA 4 PERSONAS

PREPARACIÓN 10 MINUTOS

COCCIÓN 20 MINUTOS

200 g de mezcla de verduras cortadas (zanahoria, puerro, col...)

200 g de minimazorcas de maiz en conserva, escurrido

50 g de queso mexicano o de feta desmigado

150 ml de leche de coco

2 cucharadas de aceite de coco

2 cucharaditas de pimentón dulce

Hojas de cilantro

El zumo de 1 lima

Sal y pimienta

8 tortillas de maíz de 15 cm de diámetro

1 PREPARE EL RELLENO

Derrita el aceite de coco en un wok a fuego medio, añada las verduras y cuézalas unos minutos sin dejar de remover. Sazone con sal y pimienta. Agregue las minimazorcas de maíz cortadas en trozos, el pimentón dulce y la leche de coco. Cueza la mezcla a fuego lento durante 15 minutos y resérvela en un bol.

2 RELLENE LOS TACOS

Ponga unas cuantas verduras con leche de coco en cada tortilla de maíz y cúbralas con un poco de queso mexicano desmigado.
Ponga los tacos en un plato y hornéelos durante 5 minutos con el horno caliente en función grill.

3 ADERECE LOS TACOS

Tras sacarlos del horno, añada las hojas de cilantro, un poco de pimentón y un chorrito de zumo de lima.

4 ¡DOBLE LOS TACOS Y DISFRUTE!

BONIATO SALTEADO CON ESPECIAS Y FRIJOLES NEGROS

PARA 4 PERSONAS

PREPARACIÓN 15 MINUTOS

COCCIÓN 25 MINUTOS

400 g de boniato

2 cucharaditas de especias mexicanas o de pimentón

3 o 4 cucharadas de aceite de oliva

8 cucharadas de puré de frijoles negros (véase página 65)

2 pimientos picantes verdes picados, o pimientos encurtidos

50 g de queso mexicano desmigado

Salsa verde (véase página 65)

Hojas de cilantro

Sal y pimienta

8 tortillas de maíz de 15 cm de diámetro

1 PREPARE EL RELLENO

Pele y corte el boniato en rodajas no muy gruesas, luego en gajos y finalmente en cuartos. Vierta el aceite de oliva en una sartén y añada el boniato.
Sazone con sal y pimienta, 1 cucharadita de especias mexicanas o de pimentón y cueza con la sartén tapada durante 20 minutos, removiendo de vez en cuando.

2 RELLENE LOS TACOS

Ponga un poco de puré de frijoles negros sobre las tortillas de maíz y luego unos cuantos trozos de boniato y un poco de queso mexicano.
Ponga los tacos en un plato y hornéelos durante 5 minutos con el horno caliente en función grill.

3 ADERECE LOS TACOS

Añada el pimiento verde picado o el pimiento encurtido, las hojas de cilantro y un poco de salsa verde.

4 ¡DOBLE LOS TACOS Y DISFRUTE!

BERENJENAS FRITAS Y TOFU FRITO

PARA 4 PERSONAS

PREPARACIÓN 20 MINUTOS

COCCIÓN 20 MINUTOS

2 berenjenas

100 ml de aceite de oliva

300 g de tofu firme

50 ml de salsa teriyaki

1 cucharada de aceite vegetal

50 g de queso feta desmigado

2 tallos de cebolleta o de cebolla tierna picada

El zumo de 1 lima

Sal y pimienta

8 tortillas de maíz de 15 cm de diámetro

1 PREPARE EL RELLENO

Corte las berenjenas en rodajas de 0,5 cm de grosor, rocíelas con aceite de oliva por ambos lados, colóquelas en una sartén grande y áselas a fuego medio durante 5-8 minutos por cada lado. Sazone con sal y pimienta.

Mientras, corte el tofu en dados grandes y marínelos en un bol con la salsa teriyaki. En una segunda sartén, sofría el tofu en aceite vegetal. Cuando esté ligeramente dorado, detenga la cocción y resérvelo en un bol.

2 RELLENE LOS TACOS

Ponga 2 o 3 rodajas de berenjena asada en cada tortilla de maíz, añada los dados de tofu fritos y un poco de queso feta desmigado.

Ponga los tacos en un plato y hornéelos durante 5 minutos en el horno caliente en función grill.

3 ADERECE LOS TACOS

Tras sacarlos del horno, añada la cebolleta picada y un chorrito de zumo de lima.

4 ¡DOBLE LOS TACOS Y DISFRUTE!

EL GUACAMOLE

PARA CONSEGUIR UN GUACAMOLE EXCELENTE, CHAFE EL AGUACATE CON UN TENEDOR; ¡NO LO PASE POR LA BATIDORA!

ACOMPAÑAMIENTOS

SALSA VERDE

PARA 4 PERSONAS
PREPARACIÓN 10 MINUTOS

2 tomates verdes • 2 cebollas tiernas • 2 dientes de ajo • ½ manojo de cilantro • 1 pimiento verde largo • 1 pimiento verde • 50 ml de vinagre blanco • 200 ml de aceite de oliva o de colza • 1 pizca de flor de sal

Despepite los tomates verdes, el pimiento picante y el pimiento verde y córtelos en dados. Pele el ajo y las cebollas tiernas y píquelos finamente. Pique el cilantro. Vierta el vinagre y el aceite en un bol y añada las hierbas, el pimiento picante, el ajo y la cebolla. Sazone con sal. Mezcle el conjunto y conserve la salsa en un tarro de cristal durante una semana en el frigorífico.

PURÉ DE FRIJOLES NEGROS

PARA 4 PERSONAS
PREPARACIÓN 10 MINUTOS

500 g de frijoles negros cocidos en conserva, escurridos • 50 g de mantequilla derretida • 1 cucharadita de comino en polvo o especias mexicanas • 1 cebolla blanca pequeña, finamente picada

Ponga en el vaso de la batidora los frijoles negros escurridos, la mantequilla derretida y las especias. Bata la mezcla pero no demasiado, para conservar algo de textura. Añada la cebolla picada. Rectifique de sal y pimienta. Guarde el puré en un recipiente hermético en el frigorífico. Se puede conservar durante una semana.

CEBOLLA MORADA ENCURTIDA

PARA 4 PERSONAS
PREPARACIÓN 10 MINUTOS

2 cebollas moradas • 250 ml de vinagre blanco • 50 g de azúcar blanco • 20 g de sal fina • 150 ml de agua caliente

Pique la cebolla morada, póngala en un bol y vierta el agua caliente. En otro bol, mezcle el azúcar, la sal y el vinagre blanco. Remueva para disolver el azúcar y la sal, vierta la mezcla sobre la cebolla y remueva. Vierta la mezcla en un recipiente hermético y métalo en el frigorífico durante toda la noche. La cebolla encurtida estará lista al día siguiente y se conservará una semana en el frigorífico. Puede seguir el mismo proceso con zanahoria rallada y con pepinillos o rábanos en rodajas.

BLUME

Título original *Tacos*

Estilismo Sandra Mahut
Ilustraciones Valentine Ferrandi
Diseño NoOok
Traducción Carolina Bastida Serra
Revisión de la edición en lengua española
Alfredo Pestana Mota
Profesor de cocina y creador de contenidos gastronómicos
Coordinación de la edición en lengua española
Cristina Rodríguez Fischer

Primera edición en lengua española 2024

© 2024 Naturart, S.A. Editado por BLUME
Carrer de les Alberes, 52, 2.°, Vallvidrera
08017 Barcelona
Tel. 93 205 40 00 e-mail: info@blume.net
© 2023 Hachette Livre (Marabout), Vanves (Francia)

I.S.B.N.: 978-84-19785-80-0
Depósito legal: B. 16303-2023
Impreso en China

WWW.BLUME.NET